Feathers, Not Just for Flying

Text Copyright © 2014 by Melissa Stewart
Illustrations Copyright © 2014 by Sarah S. Brannen
Original edition first published by Charlesbridge Publishing, Inc.
under the title of Feathers: Not Just for Flying

Korean Translation Copyright © 2014 by Daseossure Publishing Co.
This Korean Language Edition is published by arrangement with Charlesbridge Publishing Inc.
through The Agency Sosa.

이 책의 한국어판 저작권은 에이전시 소사를 통해
Charlesbridge Publishing Inc.와의 독점 계약으로 도서출판 다섯수레에 있습니다.
저작권법에 의해 한국 내에서 보호를 받는 저작물이므로 무단 전재와 무단 복제를 금합니다.

새들은 왜 깃털이 있을까?

깃털의 쓰임새 16가지

멜리사 스튜어트 글 | 세라 S. 브래넌 그림

이우신(서울대학교 산림과학부 교수) 옮김

다섯수레

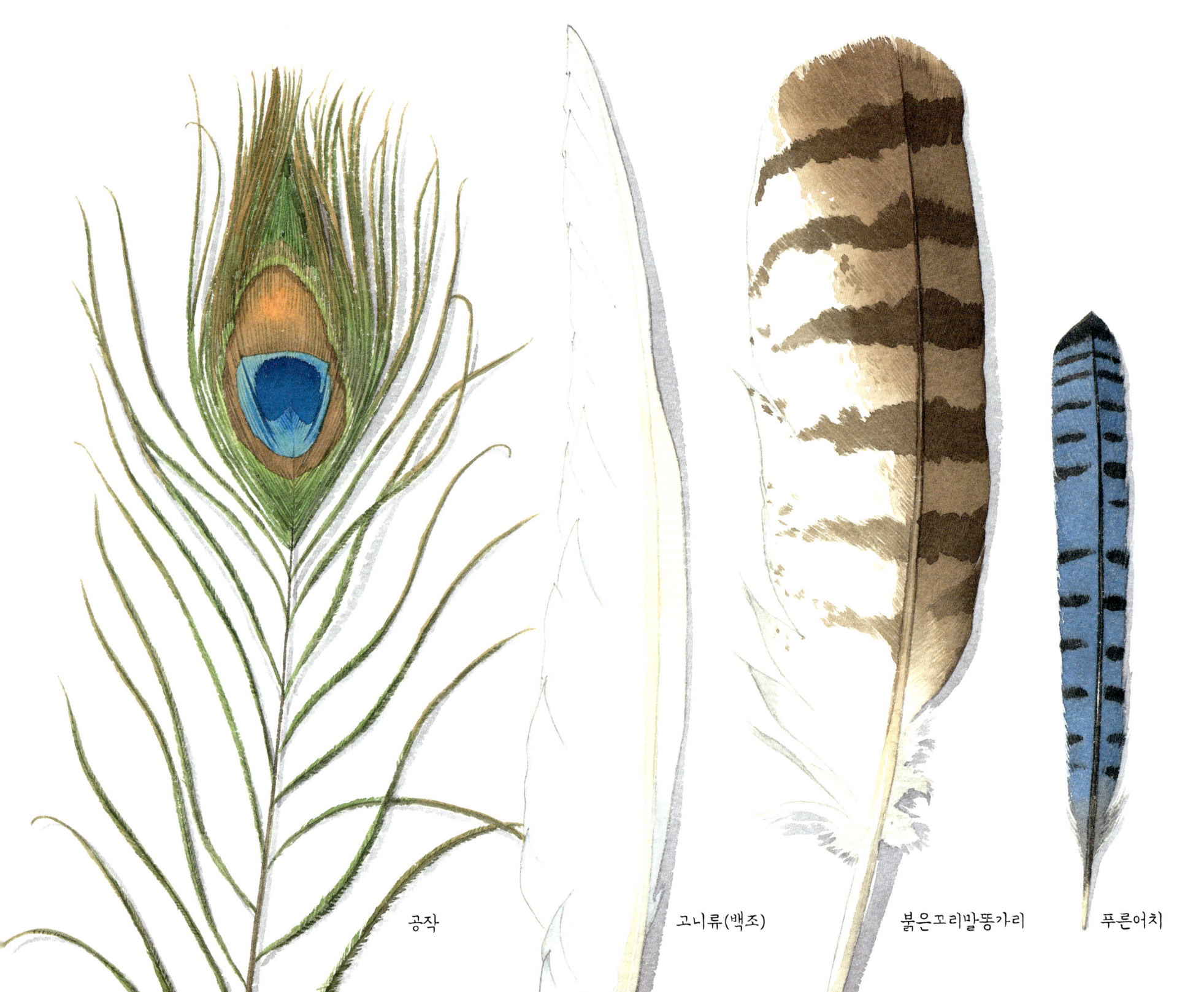

새와 깃털은 마치 나무와 잎, 하늘과 별처럼
서로 떨어질 수 없는 사이예요.
다른 동물과는 달리 새들은 모두 깃털이 있어요.
대부분의 새는 깃털이 많은데,
새마다 깃털의 생김새가 달라요.
새에 따라 깃털이 해야 할 일이 있기 때문이지요.

미국알락해오라기

뱀목가마우지

홍관조

미국원앙

모란앵무

미국회색멧새

깃털은 담요처럼 따뜻하게 해 줍니다.

이 깃털은 푸른어치의 깃털입니다. 푸른어치는 춥고 축축한 날에 깃털을 부풀려서 피부와 깃털 사이에 따뜻한 공기층을 만들어 몸을 따뜻하게 합니다.

푸른어치 어치는 우리나라를 비롯한 세계 여러 곳에서 사는데, 푸른어치는 겨울이 와도 추운 숲 속에서 지낼 수 있습니다.

미국원앙 원앙은 우리나라에서도 사는 새인데, 미국원앙은 숲 속 물가의 나무 구멍에서 둥지를 만듭니다.

깃털은 베개처럼 쿠션이 되기도 합니다.

원앙 암컷은 자신의 몸에서
뽑은 깃털로 둥지를 만들어요.
깃털 둥지는 쿠션처럼 알을 감싸서
알을 따뜻하게 합니다.

깃털은 양산처럼 햇빛을 가려 줍니다.

배고픈 삼색왜가리는 먹이를 찾기 위해 물 위를 걸어 다닐 때, 날개를 머리 위까지 올립니다. 이때 깃털은 빛의 반사를 막아 물에 그늘이 생기게 합니다. 이렇게 해서 삼색왜가리가 맛있는 물고기와 개구리를 쉽게 찾을 수 있도록 도와줍니다.

삼색왜가리 왜가리는 우리나라에서 봄여름을 나는 여름 철새인데, 삼색왜가리는 물가에서 살고 있습니다.

붉은꼬리말똥가리 말똥가리는 우리나라를 비롯한 세계 여러 곳에서 사는데, 붉은꼬리말똥가리는 넓은 초원에서 살고 있습니다.

깃털은 자외선 차단제처럼 피부를 보호해 줍니다.

햇볕이 뜨거운 여름날 오후 붉은꼬리말똥가리는 먹이를 찾기 위해 몇 시간 동안이나 하늘을 날아다닙니다. 이때 두꺼운 깃털은 해로운 태양 광선으로부터 붉은꼬리말똥가리의 연약한 피부를 보호해 줍니다.

자외선 방지 크림
자외선 차단 지수 30

깃털은 스펀지처럼 물을 빨아들입니다.

몹시 뜨거운 여름날, 사막꿩 수컷은 물웅덩이에서 배 부분의 깃털에 물을 흠뻑 적셔 몸의 온도를 식힙니다. 그러고 나서 아빠 새는 우쭐거리며 둥지로 날아가 새끼들을 보호합니다.
그러는 동안 새끼들은 아빠 새의 깃털에 묻은 물을 빨아먹으며 목마름에서 벗어납니다.

사막꿩 꿩은 우리나라를 비롯한 세계 여러 곳에서 사는데, 사막꿩은 물이 부족한 사막에서 살고 있습니다.

깃털은 옷솔처럼 깃털을 정리합니다.

알락해오라기는 모이를 먹은 뒤
항상 깨끗이 정돈합니다.
알락해오라기의 깃털 끝은 잘 부서집니다.
이때 생긴 가루는 깃털에 묻은 오물과
생선 기름을 문질러 닦아 내기에
더할 나위 없이 좋아요.

미국알락해오라기 해오라기는 우리나라에서 봄여름을 나는 여름 철새이나 점점 텃새화되어 가고 있습니다. 미국알락해오라기는 물가에서 물고기와 개구리를 잡아먹고 삽니다.

쓱싹쓱싹

깃털은 투우사의 망토처럼 공격자의 주의를 다른 곳으로 돌릴 수 있습니다.

미국회색멧새는
꽁지 바깥쪽에 있는
밝고 하얀 깃털을 갑자기 펼쳐서
천적을 혼란스럽게 합니다.
그러고 나서 급히 깃털을 접고
다른 방향으로 날아가지요.

미국회색멧새 멧새는 우리나라는 물론 세계 여러 곳에서 사는데, 미국회색멧새는 고양이가 많은 마을에서도 살고 있습니다.

깃털은 보호색처럼 새를 공격자로부터 숨겨 줍니다.

홍관조 암컷의 몸과 깃털은 어두운 회색이 돌아 산림 속에 있는 둥지와 조화를 잘 이루지요. 이러한 깃털은 암컷의 몸을 숨겨 주고, 알을 품는 동안 천적으로부터 둥지를 보호해 줍니다.

홍관조 홍관조는 여름철 녹색 덤불 안에서 새끼를 키웁니다.

깃털은 호루라기처럼 높은 소리를 낼 수 있습니다.

곤봉날개무희새 수컷은 암컷의 주의를 끌고 싶을 때, 몸을 앞으로 구부리고 날개를 등 뒤로 세워서 빨리 흔들어요.
그러면 등에 있는 깃털이 뻣뻣하고 둥그런 날개 깃털과 비벼지면서 날카로운 노랫소리가 공기 속으로 울려 퍼집니다.

곤봉날개무희새 곤봉날개무희새는 남아메리카 에콰도르의 조류 보호 구역에 삽니다.

공작 공작은 인도 뉴델리의 푸사 언덕 숲에 삽니다.

깃털은 화려한 보석처럼 유혹하기도 합니다.

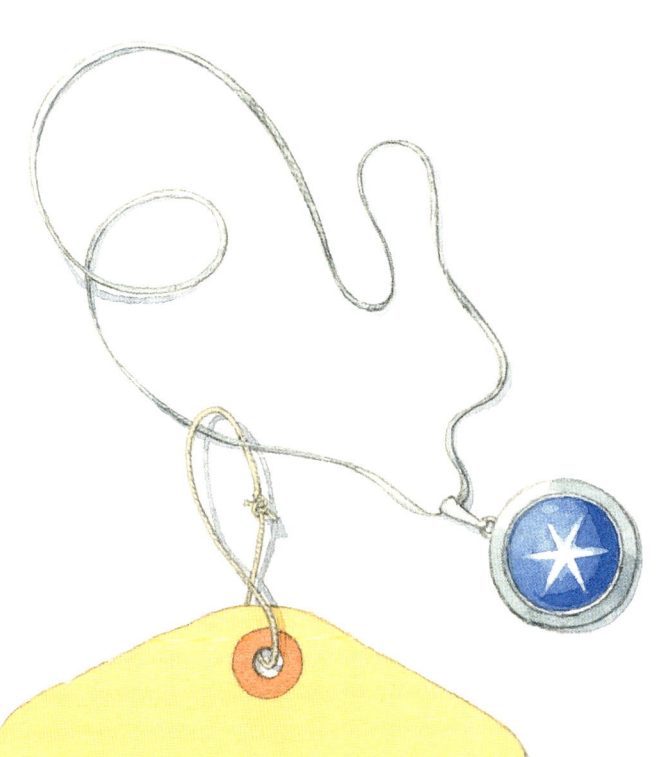

공작 수컷은 밝고 아름다운 꽁지 깃털 덕분에 쉽게 눈에 띕니다.
짝짓기를 할 무렵이 되면 암컷은 가장 크고 화려한 꽁지깃을 가진 수컷에게 마음을 빼앗깁니다.

깃털은 굴착기처럼 구멍을 팔 수 있습니다.

갈색제비는 짝짓기를 한 다음 함께 둥지를 만듭니다.
수컷이 먼저 부리와 다리 아랫부분의 거친 깃털로
시냇가의 둑에 약 60센티미터 깊이의 굴을 팝니다.
그다음 수컷은 날개를 이용하여 흙을 밖으로 들어냅니다.
그러고 나면 암컷이 굴 안쪽에 짚과 풀, 나뭇잎으로 둥지를 만들지요.

미국갈색제비 제비는 우리나라에서 봄여름을 나는 여름 철새인데, 미국갈색제비는 강둑의 흙벽에 굴을 파고 둥지를 만듭니다.

깃털은 지게차처럼 새가 둥지 만드는 데 필요한 재료를 실어 나릅니다.

모란앵무 모란앵무는 아프리카 나미비아의 구압 강에 삽니다.

대부분의 새는 둥지를 만들기 위해 재료를 부리로 옮깁니다.
그러나 모란앵무 암컷은 다른 방법으로 재료를 옮겨요.
모란앵무 암컷은 풀, 나뭇잎 또는 나무껍질 조각을 발견하면, 꽁지 위의 덮깃에 끼워 둥지로 돌아갑니다.

깃털은 구명복처럼 새들을 물에서 뜰 수 있게 도와줍니다.

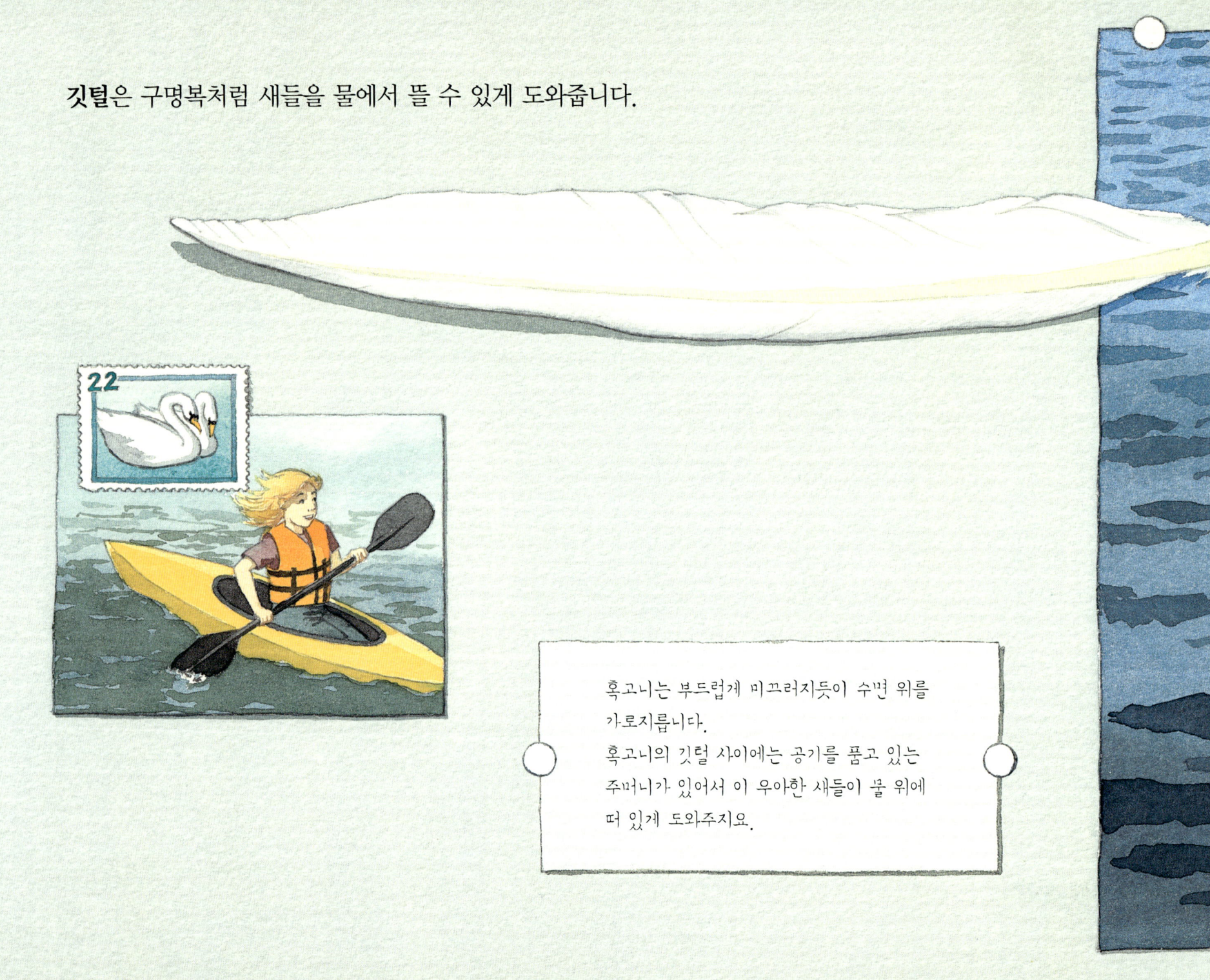

혹고니는 부드럽게 미끄러지듯이 수면 위를 가로지릅니다.
혹고니의 깃털 사이에는 공기를 품고 있는 주머니가 있어서 이 우아한 새들이 물 위에 떠 있게 도와주지요.

혹고니 혹고니는 우리나라에서 겨울을 나는 겨울 철새입니다.

뱀목가마우지 가마우지는 우리나라를 비롯한 세계 여러 곳에서 사는데, 뱀목가마우지는 물속에 잠수하여 물고기를 잡아먹습니다.

깃털은 낚싯봉처럼 새가 아래로 가라앉게 합니다.

대부분의 새는 특수한 기름이 생성되어 깃털이 물에 젖지 않지만,
뱀목가마우지는 그렇지 않아요.
배고픈 사냥꾼인 뱀목가마우지는 흠뻑 젖은 깃털의 무게 덕분에
물고기나 가재, 새우를 찾아 깊은 물속으로 들어갈 수 있습니다.

깃털은 썰매처럼 미끄러지게 도와줍니다.

황제펭귄의 배 부분은 단단한 털이 빽빽하게 자리 잡아 매끄러워요.
이 빽빽한 깃털 덕분에 황제펭귄들은 얼음과 눈 위를
쉽게 미끄러지며 다닐 수 있습니다.

황제펭귄 황제펭귄은 일 년 내내 눈에 덮인 남극 대륙에 삽니다.

깃털은 설피처럼 눈 위에서 빨리 걸을 수 있게 도와줍니다.

해마다 가을이 되면 툰드라뇌조는 발가락 윗부분에서 두꺼운 깃털이 겹겹이 자랍니다. 이 깃털은 툰드라뇌조의 발 크기를 키워서 설피를 신은 것처럼 눈 속에 빠지지 않고 걸어 다닐 수 있게 합니다.

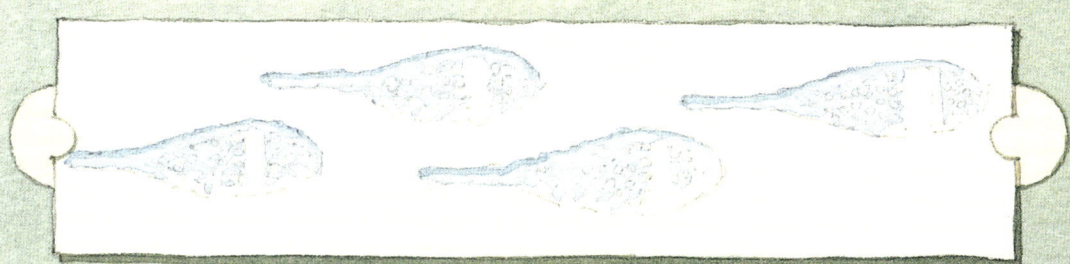

툰드라뇌조 툰드라뇌조는 알래스카의 데날리 국립공원에 삽니다.

그러나 무엇보다도 깃털은 새들이 하늘 위로 빨리 날아오를 수 있게 해 줍니다.

깃털의 종류

많은 과학자가 새를 연구하면서 매일 새로운 정보를 찾아내고 있습니다. 그러나 과학자들 모두가 동의할 만큼 깃털의 생김새를 잘 분류하는 방법은 아직까지 찾아내지 못했어요. 하지만 많은 과학자는 다음과 같이 깃털을 분류하고 있습니다.

이 작은 실 모양의 깃털은 신경에 연결되어 있어요.
이 깃털은 새가 주위를 감지하고 몸의 균형을 잘 잡을 수 있도록 도와줍니다.

이 깃털은 새의 눈 주위에 있는 뻣뻣한 털로 속눈썹 같은 역할을 합니다. 어떤 새들은 부리 주위에 있는 이 뻣뻣한 털로 먹이의 위치를 알아냅니다.

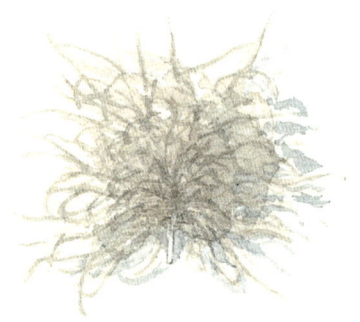

솜털 깃은 부드러운 솜처럼 새의 피부를 바로 감싸서 새를 따뜻하게 합니다.

이 반깃털은 솜털 깃처럼 새들을 따뜻하고 건조하게 해 줍니다.

이 깃털은 새 몸의 대부분을 덮고 있는 겉깃털이에요. 겉깃털은 새의 모양과 색깔을 나타내 줍니다.

이 깃털은 날개 깃털입니다. 날개 깃털은 새가 하늘로 날아올라 앞으로 나아가게 합니다. 꽁지에 있는 날개 깃털은 새들이 방향을 잡고 균형을 유지할 수 있도록 도와줍니다.

작가의 말

나는 다른 원고를 쓰기 위해 자료를 찾던 중, 우연히 《조류 탐사의 세계》라는
잡지에서 굉장히 흥미로운 기사를 발견했습니다. 그 기사는 새들이
깃털을 이용하는 놀라운 방법에 대하여 설명하고 있었습니다.

나는 이것이 어린이 책의 좋은 주제가 될 것이라 생각되어 기사를 복사하여
사무실의 아이디어 보드에 핀으로 꽂아 두었습니다.

몇 달 후 나는 자료 조사에 몰두하였습니다.

나는 다른 책을 쓸 때처럼 자료를 찾기 위해 도서관(책, 잡지, 신문),
인터넷(학술지, 탐사 전문가들) 그리고 내가 쓴 자연에 관한 잡지들을
조사하기 시작하였습니다.

이 책의 몇몇 사례는 내가 자연에서 직접 관찰한 것을 바탕으로 썼습니다.
과학자들과의 인터뷰와 학술적인 책, 그리고 과학저널의
연구 결과에서 수집한 것도 있습니다.

나에게 자료 조사는 프로젝트 가운데 가장 수월한 부분입니다.

어려운 일은 소재를 가장 흥미로운 방법으로 표현하는 것입니다.

항상 나는 내 자신에게 물어봅니다.

"내가 이것에 좀 더 몰두할 수 있는 방법이 있을까?"

이 책을 위해서 3년간 원고와 씨름하였습니다. 나는 수없이 고쳐 가며
써 온 초고를 네 번에 걸쳐 전면 수정했습니다. 그 과정에서 깃털을
우리 주변의 일반적인 사물과 비교하는 방식을 찾아내서 최종적으로
아이디어를 결정하였습니다.

그리고 나서 글쓰기에 몰두하여 원고를 편집자에게 전달했습니다.

글쓴이 멜리사 스튜어트
생물학을 전공하면서 문학 공부와 글쓰기를 함께 한 저자는 자연 관찰 일기를 쓰고 과학자들을 인터뷰하는 과정을 거쳐 어린이를 위한 과학책을 여러 권 썼습니다. 이러한 노력을 통해 빛나는 수상 성과를 거두기도 했습니다. 그림책 《비가 내리면…》 등에 글을 썼습니다.

그린이 세라 S. 브래넌
하버드대학교와 펜실베이니아대학교에서 미술을 공부했습니다. 작업실에서 새처럼 자유롭게 삽화를 그리곤 합니다. 이 책의 깃털 그림들은 실제 표본을 보면서 작업한 것입니다. 《보비 아저씨의 결혼》의 글·그림 작가로서 많은 주목을 받았습니다.

옮긴이 이우신
서울대학교 임학과를 졸업하고, 일본 오비히로 축산대학에서 야생동물학 석사학위를 받았으며, 홋카이도 대학에서 응용동물학 박사학위를 취득하였습니다. 국립산림과학원에서 근무하였으며 한일철새보호협력회의, CITES협약, RAMSAR협약의 정부 대표로 활동했습니다. 현재 서울대학교 산림과학부 명예교수이며 한국조류학회장, 복원생태학회장 등을 역임했습니다. 저서로는 《우리가 정말 알아야 할 우리 새 백 가지》, 《한국의 새》(공저), 《야생동물 생태 관리학》(공저) 등이 있습니다.

새들은 왜 깃털이 있을까?

처음 펴낸 날 2014년 3월 5일 | **네 번째 펴낸 날** 2022년 7월 10일
글쓴이 멜리사 스튜어트 | **그린이** 세라 S. 브래넌 | **옮긴이** 이우신
펴낸이 김태진
펴낸곳 다섯수레
등록번호 제3-213호
등록일자 1988년 10월 13일
주소 경기도 파주시 광인사길 193 (문발동 500-12) (우 10881)
전화 (02) 3142-6611(서울사무소) | **팩스** (02) 3142-6615

제판·인쇄 (주)로얄프로세스

ⓒ 다섯수레 2014

ISBN 978-89-7478-386-0 73490